THE PUREST TEARS ARE LIGHT

EL LLANTO ILUMINADO

THE PUREST TEARS ARE LIGHT

EL LLANTO ILUMINADO

by

Kristin Robie

Bilingual edition

Translated into Spanish and edited

by

Arthur Gatti and Roberto Mendoza Ayala

Cover and illustrations by
Lora Wanta
(lorawanta.com)

Illustration on page 101 by Haku Andou

Back cover photo by Francisco Fernández
(twitter: @2fphoto)

PUBLISHING
NEW YORK • MÉXICO

2021

First printing: August 2021

ISBN: 978-1-7337341-7-2

Designed and typeset in New York City by:

Darklight Publishing LLC
8 The Green Suite 5280
Dover, DE 19901

Contents

Índice

Prologue

THIS IS A BOOK of daring and uncompromising self-revelation on the part of the poet, Kristin Robie. All the pain is there, as well as the frustrated love, and one recalls Thomas Wolfe when she says that she writes "poetry panicked into creation."

Among the elegies and philosophies and reflections on a life passionately lived, the strength and vivid soul of this collection of poems of love and longing, is preceded by a wind that gusts through a dense forest of memories of canopied light and dark.

And if there are clearings, it often rains hard—or the poet becomes a shoreline, sometimes of gentle glistening pools where the submerged life is busy, engaged, hidden; and yet sometimes she is a lonely harbor, battered by gales of lost love.

Loreleis of a northern clime, sirens of the lover's past —the mythical that peers through Kristin's words and the storm-tossed heart clings to her well-crafted lines. The poet is everywoman— more frequently the lover, the partner and then the survivor.

We sense a saving grace in the life raft of motherhood, which the poet explores with great sensitivity, from the perspective of a child, where the inner storms never stop—from raging to the stillness of doldrums and sad remembrances—to growing through the stages of child-raising, and all the pain and pride and pressures therein involved.

This book of 42 poems *is* the woman soul of the poet— the ageless suffering of endings. Her imagery astounds us at times, for her vision is unique in its chiaroscuro take on existence. Her erotic hope chest is a hastily packed suitcase at times, and when it's vivid and clear, that sensuality draws out the same in the reader, who is immersed in the tender keepsakes and inevitable shards of loves gone by.

If, in fact, tears are the purest form of light, Kristin Robie's poetry—often tear-glistening— is the sun on winter days and the full moon on stormy nights.

ARTHUR GATTI
New York City, February 2021

Prólogo

ESTE ES UN LIBRO de autorrevelación atrevida y sin concesiones por parte de la poeta Kristin Robie. Todo el dolor está allí, así como el amor no correspondido, y uno recuerda a Thomas Wolfe cuando ella escribe que "la poesía sembró el pánico en la creación".

Entre elegías, filosofías y reflexiones sobre una vida resuelta con pasión, se encuentra la fortaleza y el alma viva de esta colección de poemas de amor y nostalgia, precedida por un viento que sopla a través de un bosque de recuerdos de luces y sombras filtrados en la espesura.

Y si hay claros, a menudo llueve con fuerza, o bien la poeta se convierte en la orilla de una playa con apacibles pozas brillantes donde la vida sumergida se encuentra atareada, comprometida, escondida; en otras ocasiones ella es un puerto solitario, azotado por los vendavales del amor perdido.

Loreleis de clima nórdico, sirenas del pasado de los amantes, los mitos que asoman entre las palabras de Kristin y el corazón agitado por la tormenta, se aferran a sus bien elaboradas líneas. La poeta es todas las mujeres, pero con más frecuencia es la amante, la pareja y al final la sobreviviente.

Sentimos la gracia en la balsa salvífica de la maternidad, que la poeta explora con gran sensibilidad; desde la perspectiva infantil donde las tormentas internas no se detienen nunca —desde la furia hasta la inmovilidad de los abatimientos y los recuerdos tristes—, hasta el crecimiento a través de las etapas de la crianza de los hijos, con todo el dolor, el orgullo y las presiones que conlleva.

Este libro de 42 poemas *es* el alma femenina de la poeta: el sufrimiento eterno de los finales. Sus imágenes nos sorprenden en ocasiones, porque su visión es única al asumir el claroscuro de la existencia. Su cofre de esperanzas eróticas es una maleta a veces empacada apresuradamente, y cuando es vívida y clara, esa sensualidad provoca lo mismo en el lector, inmerso como está en los tiernos recuerdos y en los inevitables fragmentos de amores pasados.

Si de hecho las lágrimas son la forma más pura de la luz, la poesía de Kristin Robie —a menudo brillante lágrima— es el sol en los días de invierno y la luna llena en las noches tormentosas.

ARTHUR GATTI
Ciudad de Nueva York, Febrero de 2021

To Julia-Lucero Rosa, my talented daughter,
whose spirit and curiosity always astonishes.
I am so grateful you are in my life.

To the many poets who supported my work,
I am indebted—particularly to these NYC poetry workshops:

Riverside Poets (riversidepoetrygroup@gmail.com)
Parkside Poets Workshop (elsasserdavid@gmail.com)
Brownstone Poets (https://brownstonepoets.blogspot.com)
The Green Pavilion Poetry Event (museprk@copper.net)

A Julia-Lucero Rosa, mi talentosa hija,
cuyo espíritu y curiosidad siempre asombran.
Estoy muy agradecida de que estés en mi vida.

A todos los poetas que han apoyado mi trabajo;
estoy particularmente en deuda con los siguientes talleres de poesía
de la Ciudad de Nueva York:

Riverside Poets (riversidepoetrygroup@gmail.com)
Parkside Poets Workshop (elsasserdavid@gmail.com)
Brownstone Poets (https://brownstonepoets.blogspot.com)
The Green Pavilion Poetry Event (museprk@copper.net)

THE PUREST TEARS ARE LIGHT

EL LLANTO ILUMINADO

WHEN BOOZE IS IN CHARGE

When booze is in charge
Never use the nice china.
Never get mud on your skirt.
Never complain about dinner
Because what's wrong with TV dinners?
Unless you're a whiner
Or an ungrateful brat.

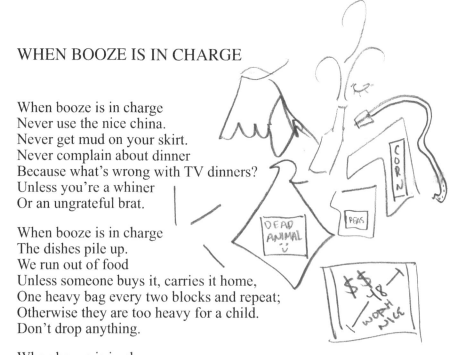

When booze is in charge
The dishes pile up.
We run out of food
Unless someone buys it, carries it home,
One heavy bag every two blocks and repeat;
Otherwise they are too heavy for a child.
Don't drop anything.

When booze is in charge
Mom forgets the class trip ends at 5PM.
Can you walk home in the dark? Can you not?
At home silence greets you.
You go to bed without eating.
No one notices or
Asks "How was the trip?"

When booze is in charge
The windows are shut.
Outside is the sun.
Inside are unhung pictures.
Bare floors are good enough because
The rugs are too tiresome to lay down.
She finds loneliness so comforting.

When booze is in charge
You go outside as much as you can.
The trees are your friends.
Clouds paint the sky in
White mythic creatures,
While you feel small and alone
In an empty field.

CUANDO EL ALCOHOL MANDA

Cuando el alcohol manda
Nunca uses la vajilla fina.
Nunca ensucies tu falda.
Nunca reclames por la cena.
¿Qué tiene de malo cenar golosinas viendo la TV?
A menos que seas una quejica
O una mocosa ingrata.

Cuando el alcohol manda
Los trastes se apilan.
Nos quedamos sin víveres
A menos que alguien los compre y los traiga a casa,
Una bolsa pesada cada dos calles y de nuevo;
De otra forma son demasiada carga para una niña.
Que no se caiga nada.

Cuando el alcohol manda
Mamá olvida que el regreso de clases es a las 5PM.
¿Puedes caminar a casa a oscuras? ¿No puedes?
En casa te saluda el silencio.
Vas a la cama sin comer.
Nadie lo nota o
Te pregunta "¿Cómo estuvo el regreso?"

Cuando el alcohol manda
Las ventanas están cerradas.
Afuera está el sol.
Adentro hay cuadros sin colgar.
Los pisos desnudos están bien así porque
Cuesta mucho trabajo extender los tapetes.
Ella encuentra su soledad tan reconfortante.

Cuando el alcohol manda
Vas afuera tanto como puedes.
Los árboles son tus amigos.
Las nubes pintan el cielo
Con míticas criaturas blancas,
Mientras te sientes pequeña y solitaria
En un campo vacío.

When booze is in charge
Everyone is happy and everything is
White gloves and standing up straight.
Anguish is an evil amulet and
Whoever wears it is crazy
And must go to her room without dinner.
Don't slam the door on your way out.

When booze is in charge
You must say please and thank you and
Children are seen, not heard.
If anyone asks, everything is fine.
Just ask Mom
Who never had a friend
Except the booze and that's secret.

When booze is in charge
The silence is loud enough to pretend
The glasses aren't clinking
No one is sobbing under the covers.
No one hears anything.
If they did, they'd deny it.

When booze is in charge
Life isn't precious.
Don't forget to smile, pretend
Mom is not bedded to booze,
Not staggering down the aisle,
Beloved booze on her arm,
Sloughing to oblivion,

As if no one cares…

Cuando el alcohol manda
Todos son felices y todo es
Guantes blancos y pararse derecho.
La angustia es un amuleto del mal y
Quien lo use está loca
Y debe irse a su cuarto sin cenar.
No azotes la puerta al irte.

Cuando el alcohol manda
Debes decir por favor y gracias y
Los niños se ven, pero no se escuchan.
Si alguien pregunta, todo está bien.
Pregúntale a Mamá,
Quien jamás tuvo una amistad
Excepto el alcohol y eso es secreto.

Cuando el alcohol manda
El silencio es tan escandaloso como para ocultar
Que los vasos no tintinean
Que nadie solloza debajo de las cobijas.
Que nadie escucha nada.
Si lo hicieran, lo negarían.

Cuando el alcohol manda
La vida no es bella.
No olvides sonreír, fingir
Que Mamá no está comprometida con el alcohol,
Que no desfila por el pasillo
Del brazo de su amado alcohol,
Perdiéndose hasta el olvido,

Como si a nadie le importara…

A BLACK-AND-WHITE PHOTOGRAPH

Down a dark alley in a dream
A selfish woman dies.
Without asking me or saying
Goodbye, she leaves

Me alone with a man whose
Cold smile withers roses,
A bandit masked as Adonis.
All the women swoon anyway.

Behind my clumsy orphan feet
Time erases all footprints
Until the path is bare as if
No one had ever tread there.

A photograph remains behind,
As motionless and as silent
As a tombstone, the only enduring
Proof I had such a life.

UNA FOTOGRAFÍA EN BLANCO Y NEGRO

Al fondo del callejón oscuro de un sueño
Muere una mujer egoísta.
Sin preguntarme o sin decir
Adiós, me deja

A solas con un hombre cuya
Sonrisa helada marchita rosas,
Un bandido enmascarado como Adonis.
Todas las mujeres se le rinden de alguna manera.

Debajo de mis torpes pies de huérfana
El tiempo borra todas las huellas
Hasta que el sendero queda limpio como si
Nadie jamás hubiera pisado allí.

Una fotografía permanece,
Tan inmóvil y silenciosa
Como una lápida, la única evidencia
Perdurable de que tuve una vida así.

TAKE DOWN THE SKY

Take down the sky.
I need it.

Wrap me in its
Cobalt purity.

Be a cloud, white and
Gorgeous, but nothing.

Blue-blooded, blue-veined,
Blue-skied tossing lightning.

Make me the sky,
Far from sidewalk sorrow.

Swallow the sun, and
Be incandescent.

Give me gravity.
Birth me a new orbit.

Name me
The Phoenix planet.

BAJEN EL CIELO

Bajen el cielo.
Lo necesito.

Envuélvanme en su
Pureza de cobalto.

Ser una nube, blanca y
Espléndida, aunque nada.

De sangre azul, de venas azules,
Cielo azulada lanzando relámpagos.

Háganme cielo,
Lejos de la tristeza de las aceras.

Engullir al sol, y
Ser incandescente.

Denme gravedad.
Brótenme una nueva órbita.

Llámenme
El planeta Fénix.

MY YOUNGER BOSOM

My plump younger lotus,
I miss your taste of persimmon,
Scent of lavender.
You who gave us such pleasure
Back when our world was safe
Just by holding on all night.
His arms— just the right length
To shelter me.
My hands— just the right size
To cradle his curls.
If love is perfume,
We suffused the world.

That was back then, when
A string of Christmas lights
Festooned his hands, my belly.
The more he tweaked, the more I twinkled,
Morse coding to the modest triangle below
Who happily signaled back until
Exploding into his hands,
The hands that loved me.

Sadly, my younger bosom,
Like my husband,
Left.
Today's bosom is a parody
Of her former proud self.

She chokes me with her
Shapeless house dress
When I lie down
To another lonely,
Sleepless night.

In the morning I laugh,
Try not to remember
The scent of anything
Ambrosial or intimate.

MI BUSTO JUVENIL

Loto mío rotundo y joven,
Extraño tu sabor a pérsimo,
Tu esencia de lavanda.
Tú que tanto placer nos diste
Cuando nuestro mundo era seguro
Con solo abrazarnos toda la noche.
Los brazos de él —del largo justo
Para protegerme.
Mis manos —de la medida justa
Para ovillar sus rizos.
Si el amor es un perfume,
Impregnamos al mundo.

Así era entonces, cuando
Una serie de luces navideñas
Adornaba sus manos, mi vientre.
Cuanto más pellizcaba él, más parpadeaba yo
En código Morse hacia el modesto triángulo inferior
Que gozoso transmitía de vuelta hasta
Explotar entre sus manos,
Las manos que me amaban.

Tristemente, mi busto juvenil,
Al igual que mi esposo,
Se ha ido.
Mi pecho hoy es un remedo
De su orgulloso ser extinto.

Me sofoca con su
Vestido simple sin forma
Al acostarme
Para otra insomne,
Solitaria noche.

Por la mañana río,
Intento no recordar
El aroma de nada que sea
Ambrosíaco o íntimo.

Sometimes I catch a whiff
Of pleasure and imagine
A bald head with a paunch
Nestling into her sofa cushion
To warm a cool cheek on her
Maternal hearth.

Because when life is done
Shattering you,
All you need is a bosom,
Of any size or shape,
To cry on.

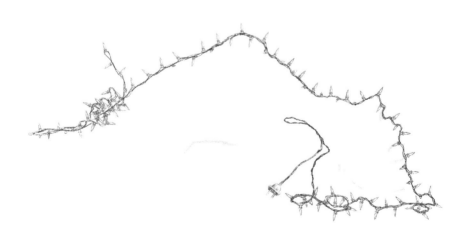

A veces atrapo un vestigio
De placer e imagino
Una cabeza calva con una barriga
Anidando en su mullido sofá
Para entibiar una mejilla fría con su
Calor maternal.

Porque cuando la vida se ha hartado
De destrozarte,
Todo lo que necesitas es un pecho,
De cualquier tamaño o forma,
Para llorar encima de él.

L'S BELLS

Ravish in our lavish love.
I long to be led, lulled
By your languorous language.
My lawless lapse in logic,
Your laudanum dulls my laments.
Leapfrog over lassitude.
Leave your light on the ladder.
Here is my lotus latch key.
Lie with me in larceny.
Find joy wherever you can.

LUJURIOSO LLAMADO

Embelésate en nuestro pródigo amor.
Añoro ser conducida, arrullada
Por tu lenguaje lánguido.
Mi desenfrenado error de lógica,
Tu láudano embota mis lamentos.
Sobrepasa el letargo.
Deja tu luz en la escalera.
Toma la llave del pestillo de mi loto.
Yace conmigo en el asalto.
Encuentra el gozo donde puedas.

FLORA MATRIARCH

Does the tree miss her leaves
When their short lives are over?
To others' eyes, each seems the same.
But to her they no less loved because
There are thousands and thousands.

Minuscule, the spring buds awaken
Gay and green, hastily dancing.
They grow up to shelter
Lovers on languid summer nights
Safe in a generous lamplight.

The showy finale begins before
The first snowflake in a
A John Sousa outburst,
A chorus line of beautiful babes,
Brassy blondes and flashy redheads.

They dance merrily, frenetically
Before they laughingly fall.
They don't care because
It's been fun.
Does Mother know when it's time to cut them loose?

Her spindly arms implore the winter sky
To watch over her runaways.
They are gone. She is naked,
Left to soldier on bearing
the weight of snow alone.

Don't be too sad for her loss.
She is fecund in her nakedness.
Come spring she'll shepherd in another
Glorious green herd of gazillions.

MATRIARCA ARBÓREA

¿Extraña el árbol a sus hojas
Cuando sus breves vidas terminan?
Ante los ojos de los demás, todas parecen iguales.
Pero el árbol no ama menos a ninguna, aunque
Sean miles y miles.

Minúsculos, los brotes primaverales despiertan
Alegres y verdes, bailando impacientes.
Crecerán para cobijar
Amores en lánguidas noches veraniegas
A salvo bajo una espléndida farola.

El ostentoso final comienza antes
Del primer copo de nieve con
Un estruendo al estilo de John Sousa,
Una línea de coro de hermosas criaturas,
Rubias metálicas y deslumbrantes pelirrojas.

Ellas bailan gozosas, frenéticamente,
Antes de caer entre risotadas.
No les importa porque
Fue divertido.
¿Sabe el árbol-Madre cuándo es tiempo de soltarlas?

Sus delgados brazos imploran al cielo invernal
Que cuide a sus fugitivas.
Se han ido. Ella está desnuda,
Convertida en una soldado que soporta
solitaria el peso de la nieve.

No te entristezcas por su pérdida.
Ella es fecunda en su desnudez.
Llegando la primavera apacentará
Otro glorioso y verde rebaño, multiplicado.

Kristin Robie

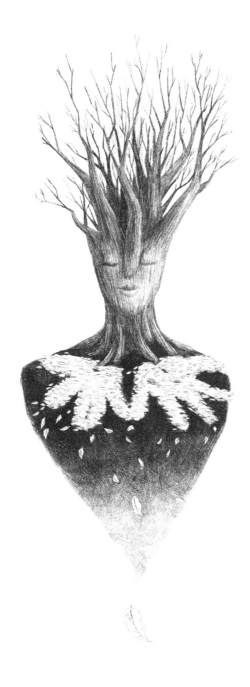

DEATH BY JEALOUSY

There is a jealousy
That grabs your breast in an icy grip,
Squeezes it like a lemon
Until your eyes tear up.
You cannot breathe.

With cold tendrils, this jealousy
Ensnares your heart,
Tighter and tighter,
In voluptuous murder of
Vows, vitality, vigor;
The love of the undead.

Your life snuffs out.
Ice flows into your blood.
Frost-bite stiffens your limbs.
You are a corpse floating on an iceberg,

Staring up at the stars, waiting for the end
You imagine he is kissing her,
Enfolding her in his slow sensual way,
Rubbing his lips lightly on the nape of her neck.

She utters a small sigh,
Relaxes into his arms with a shudder.
She glows with desire.

You watch them throw off Northern lights,
Frivolous, careless, carefree,
As you slip beneath the ice,
To drown mercifully.
Death by jealousy.

MUERTA DE CELOS

Hay celos
Que sujetan tu pecho con helada fuerza
Y lo exprimen como a un limón
Hasta que las lágrimas te saltan.
No puedes respirar.

Con sus fríos tentáculos, estos celos
Envuelven tu corazón,
Con más y más fuerza,
En una obscena matanza de
Promesas, vitalidad, vigor;
El amor de los muertos en vida.

La vida te abandona.
Fluye hielo por tu sangre.
El congelamiento adormece tus miembros.
Eres un cadáver flotando en un iceberg,

Contemplando las estrellas; esperando el final
Imaginas que él la está besando,
Envolviéndola con su modo lento y sensual,
Rozando levemente sus labios en la nuca de ella.

Ella exhala un pequeño suspiro,
Se abandona estremecida entre sus brazos.
Se ilumina con el deseo.

Los observas lanzar auroras boreales,
Frívolos, descuidados, despreocupados,
Mientras tú te deslizas debajo del hielo,
Para ahogarte piadosamente.
Muerta de celos.

DO NOT GLANCE

Do not glance at me with kindness
For I might weaken,
Cry out.
Tears might well up
As I quell
My yearning.

You are there.
I am here.
We speak across a ravine.
Never can we touch
Nor tumble to the ground
In happy kisses.

Do not glance at me again
Or brand me with your smile.
I'll smile back.
We'd be lost.

NO MIRES

No me mires con gentileza
Porque yo podría ser débil,
Gritar.
Las lágrimas podrían aflorar
Mientras sofoco
Mis ansias.

Tú estás allá.
Yo estoy aquí.
Hablamos de un lado al otro de un abismo.
Nunca podemos tocarnos
Ni tumbarnos al suelo
Entre felices besos.

No me mires de nuevo
Ni me tatúes con tu sonrisa.
Yo te sonreiré de vuelta.
Estaríamos perdidos.

MOONLIGHT MADE ME DO IT

A thousand sunsets spotlight
My crimson smile on white teeth,
You—tawny with black curls.
We dive into our pure pool.

Our dive triggers a
Thousand spreading wings.
Our pool ripples the
Light of our double star.

The circles stop and divide.
No one knows why.
No matter red lips, white teeth gasping.
No matter sunset, moon white.

Moonlight catches the red wing tip
Of a blackbird, pounding itself
Against the cage, desperate
For its mate.

Moonlight had mercy
And soon set it free.

Love is sentimental only in hindsight.

LA LUZ DE LA LUNA ME HIZO HACERLO

Mil puestas de sol destacan
Mi sonrisa carmín encima de los blancos dientes,
Tú, bronceado y con rizos negros.
Nos sumergimos en nuestro cristalino estanque.

Nuestra inmersión desencadena
Un millar de alas que se despliegan.
Nuestro estanque multiplica la
Luz de nuestra doble estrella.

Los círculos se detienen y se dividen.
Nadie sabe por qué.
No importan los labios rojos, los blancos dientes que jadean.
No importa el atardecer, la blanca luna.

La luz de la luna atrapa la punta roja del ala
De un mirlo que se azota
Contra la jaula, desesperado
Por su pareja.

Si la luz de la luna tuviese piedad
Y lo liberase pronto.

El amor es sentimental solo en retrospectiva.

SUMMER BEWITCHERY

Subtle summer bewitchery,
Soft winds rout winter's treachery
Buried memories start to grow,
Climb tendrils up my legs…No, no…

Don't utter abracadabra,
Don't light the old candelabra,
Don't brilliance the ill-begotten,
Nor arouse the best-forgotten.

Desire rises in slow motion.
Reminders of our devotion,
Drinking hot intoxication,
You, I, our squandered elation.

Merciful trees sing lullabies:
Mothers wish their young blue skies,
Rustling taffeta skirts, perfumed,
Shelter them as night's darkness looms.

Passion's tree, pain-sirens, bring
A chorale of cooing doves' wings,
Boughs whoosh my heart sewn on my sleeve.
Willow branches wave a reprieve.

Foil attempts to turn back the clock,
Cast to sleep in back rooms, padlocked.
Our love was young life's doomed detour
Dangerous regrets taste impure.

EMBRUJO DE VERANO

Sutil embrujo de verano,
La traición del invierno derrotada por vientos livianos,
Sepultados recuerdos comienzan a aflorar,
Suben sus ramas por mis piernas…No, no más…

No digas abracadabra,
Los antiguos candelabros apaga,
No ilumines lo mal nacido,
Ni despiertes lo que es mejor dejar en el olvido.

En cámara lenta surge el deseo.
Recuerdos de nuestros escarceos,
Bebiendo candente intoxicación,
Tú y yo, nuestra malgastada exultación.

Entonan canciones de cuna árboles piadosos:
Las madres ruegan para sus hijos cielos azulosos,
Susurrantes faldas de tafetán, perfumadas,
Los resguardan cuando la noche asoma su llegada.

El árbol de la pasión, sirenas de dolor,
Evoca con alas de paloma un coro arrullador,
Plumas que al corazón cosido en mi manga abanican.
En el sauce, indulgentes las varas se agitan.

Fallidos intentos de regresar el tiempo
Puesto a dormir bajo llave en secretos aposentos.
Nuestro amor fue un extravío juvenil fracasado,
Sentimientos peligrosos con sabor adulterado.

Kristin Robie

ALWAYS YOUR SILKEN HAIR WAVING FREE

Always your silken hair waving free
Behind your lithe diving form
In my heart, shielded forever
From grown-up demons fierce
Enough to fright you
Into stone, enough
For nightmares
Without
End.
Can you
Be happy
Again, hopeful
For a life filled with
Nonstop chatter and light?
Fragrant peonies bursting—
You festooned with glittery eyes—
As only my ever-angel could be.

SIEMPRE TU CABELLO SEDOSO ONDULA LIBRE

Siempre tu cabello sedoso ondula libre
Detrás de tu ágil silueta de nadadora
En mi corazón, protegida asidua
De los demonios adultos tan
Crueles para convertirte
En piedra, lo suficiente
Para tener pesadillas
Sin ningún
Final.
¿Puedes
Ser feliz
Otra vez, ilusionarte
Con una vida plena de
Charlas interminables y luz?
Fragantes peonías floreciendo,
Tú adornada con ojos relucientes,
Como solo mi ángel eterno podría serlo.

BREWING A CUP OF COFFEE
IN THE TIME OF TRUMP

Shake off downcast dreams as
The sun arises and your day begins.
Contemplate a cup of coffee.

Rinse away yesterday's bitterness.
Throw used grounds down the drain.
Begin a peaceful prayer.

Dig deep into the dark beans.
Scoop tablespoons tenderly.
Aim for an amount that silences aggravation.

Grind intently, grind patiently.
Relentlessly crush away discontent
Until it is pulverized and fragrant.

Slowly drip java into the decanter
Nestled on the warming plate.
Smell the perfume that fills you with pleasure.

Savor the sip that perks up your pulses.
Reinvigorate your dedication
To all things pure and true.

Drink the draught until sated,
So sweetness and forgiveness arise.
Show mercy for the misguided.

Make another cup when it's gone.

PREPARACIÓN DE UNA TAZA DE CAFÉ
EN LA ÉPOCA DE TRUMP

Remueva los sueños abatidos cuando
El sol despunte y comience su día.
Contemple una taza de café.

Enjuage la amargura del día anterior.
Eche al desagüe los residuos.
Inicie una oración de paz.

Escarbe a profundidad entre los granos oscuros.
Sirva las cucharadas con ternura.
En cantidad suficiente para acallar el agravio.

Muela con intención, muela con paciencia.
Aplaste implacablemente el descontento
Hasta que esté pulverizado y fragante.

Deje gotear lentamente la mezcla en la jarra
Puesta sobre la parrilla.
Huela el aroma que lo llena de placer.

Saboree el sorbo que reanime sus latidos.
Revitalice su entrega
A todo lo que sea puro y verdadero.

Beba de la taza hasta saciarse,
Para que la dulzura y el perdón emerjan.
Muestre clemencia con el descarriado.

Prepare otra taza cuando termine.

A SQUALL SWEPT THROUGH ME, CLEAN

Ablazing each day was my fire rite.
At sunset my flames banished the night.

Aged cinders no longer throw shadows.
Freed memories decide what comes, what goes.

Attic rooms loomed large, meant to stifle
My sobs—without air, subdued to trifles.

Smart, spirited girls had to be taught
To shut up and smile, do as they ought.

Such cages, my cure if I lay ill,
Admit I faked it with my free will.

Hide from the witch was better by far.
She feigns: booze is not her lodestar.

Rooms reappear when nights beckon near.
My old bones, shockingly, crouch in fear.

Re-escape, as I did long ago?
Crush those demons, until they let go?

Can it be I can't wash out their sin?
A life-time of toil—the stain's baked in.

I'm proud of my scars, how far I've come.
Opened my windows, gusts were welcomed.

Memories be damned. Bonfire embers laugh.
Truth wins: I've writ large my autograph.

UNA LIMPIA VENTISCA ME SACUDIÓ

Arder a diario era mi ritual de fuego.
En el ocaso mis llamas enviaban la noche al destierro.

Los rescoldos antiguos ya no proyectan sombras.
Los recuerdos liberados deciden qué se queda y qué sobra.

Los cuartos del ático lucían enormes, sofocar pretendían
Mis sollozos sin aire, sometida a tonterías.

Las chicas listas y despiertas tenían que ser enseñadas
A hacer lo que debían y a sonreír, calladas.

En esas celdas, mi alivio a la enfermedad,
Admito que yo fingía por mi voluntad.

Esconderse de la bruja era lo que más convenía.
Ella pretende que el alcohol no es la estrella que la guía.

Los cuartos reaparecen cuando las noches llegan.
Mis viejos huesos, vaya sorpresa, del miedo se arredran.

¿Volver a huir, como hace mucho yo lo hice?
¿Aplastar a los demonios, hasta que los dejen irse?

¿Será que no puedo lavar sus pecados?
Una vida entera de fatigas—es indeleble lo marcado.

Cuán lejos he llegado, orgullosa estoy de mis heridas.
Abrí mis ventanas y las ráfagas fueron bienvenidas.

Al diablo los recuerdos. Que en la hoguera las ascuas rían.
Gana la verdad: aquí está mi firma en demasía.

THE HIPPOZELLE AND THE DAFFODIL

Sunlight gunning up any day now
To inflame shoots and sprouts,
Buds and bulbs.

The dilly-dally daffodil
Lolls about in yellow.
The bastard aster balks.
The azure azalea agitates.
Lollipop tulips hip hop about.

All yearn for one bite of sunlight
To beam down from the height of a
Kite canoodling in the garden canopy.

Meanwhile

The palomino Hippozelle
Prances and pounces aimlessly.
Petunias are not enough.

From the gazebo he
Gazes at the yellow bonbon.
It is she, the Lent-lily daffodil.
She winks and bobs about.
She lures him in.

Ensnared, the Hippozelle's pitty-pat heart
Capers into her plush petals.
Hoorah! Happiness for the
Hippozelle and the Daffodil.

In due time…

The Hippozelle and the Daffodil are
Weaving garlands of yellow
Pygmy hippopotami
Who shriek with delight.

Hipponess reigns.

EL HIPOCEL Y LA FLOR DEL NARCISO

La luz del sol se dispara en cualquier momento
Para incendiar varas y retoños,
Brotes y bulbos.

La veleidosa flor del narciso
Se regocija en su amarillo.
El crisantemo bastardo reniega.
La azalea azul se agita.
Los tulipanes coloridos bailan hip hop.

Todos añoran un poco del sol
Que irradia desde las alturas de un
Cometa que serpentea entre la fronda del jardín.

Mientras tanto

El Hipocel palomino
Patea y brinca sin ton ni son.
Las petunias no le bastan.

Desde el quiosco, él
Observa a la exquisita flor amarilla.
Es ella, la flor del narciso silvestre.
Ella le guiñe y se contonea.
Lo atrae.

Subyugado, el desfalleciente corazón del Hipocel
Salta hacia sus afelpados pétalos.
¡Hurra! Felicidades para el
Hipocel y la Flor del Narciso.

A su debido tiempo…

El Hipocel y la Flor del Narciso
Tejen guirnaldas amarillas
De hipopótamos pigmeos
Que gritan de júbilo.

Reina la hipopotamía.

Kristin Robie

THINK TWICE

Would I abandon one unloved
In a sprint for the beckoning
Sun storms?

Seduced by your noble face,
Blazing its way into my eyes,
Eyes held open too long, waiting.

Your gray gaze
Settles my frantic dreams.
I love you.

A master puppeteer whispers.
My hands jerk unwitting to
Cradle your face.

Tiny fizzles of air—
Breasts swell and ache—
Only your hands will do.

My life spreads out,
A winter sun setting,
A dream taking up space and time

Waiting for
Your kiss, a mirage,
Spinning in the sunlight.

Can I not snatch my birthright?
Unlock the cursed nightingale?
Let her warble, coo, luxuriate
Throughout her midnight.

Shall I step on another marriage
Away from one made with someone
Who never wanted to know me?

But then—who would we be?
Unthread a carefully woven tapestry?
Embroider "infidelity" instead?

PIÉNSALO DOS VECES

¿Abandonaría a quien ya no amo
En una carrera hacia las atrayentes
Tormentas solares?

Seducida por tu noble rostro
Abriéndose paso a fuego hacia mis ojos,
Ojos abiertos desde hace mucho, esperando.

Tu mirada gris
Apacigua mis frenéticos sueños.
Te amo.

Un maestro titiritero susurra.
Mis manos se agitan sin voluntad
Para acunar tu rostro.

Diminutas descargas de aire—
Los pechos se inflaman y me duelen—
Solo les faltan tus manos.

Mi vida despliega
Un paisaje de sol invernal,
Un sueño que ocupa espacio y tiempo

Esperando
Tu beso, un espejismo
Que reverbera en pleno día.

¿No puedo exigir mi derecho?
¿Liberar a la vituperada ave?
Dejarla gorjear, arrullarse y deleitarse
A lo largo de su medianoche.

¿Pasaré por encima de otro matrimonio,
Aparte del que hice con alguien
Que nunca quiso conocerme?

Pero luego, ¿quienes seríamos nosotros?
¿Destejería un tapiz cuidadosamente tejido?
¿Bordaría "infidelidad", acaso?

In our race to happiness, would we
Sacrifice what we love in each other
And leap?

Who would we see when
Sunlight burns the mists?
Would we stare at our nakedness
Asking: "Are you someone I love?"

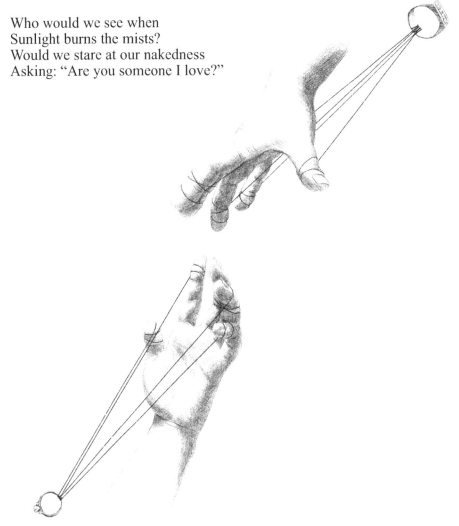

En nuestra carrera hacia la felicidad,
¿Sacrificaríamos lo que amamos uno del otro
Para saltar?

¿A quiénes veríamos después que
La luz del día quemase el velo?
¿Contemplaríamos nuestra desnudez
Preguntando: "¿Eres alguien a quien yo amo?"

I HEAR HER FOOTSTEPS HEAVY

I hear her footsteps heavy.
I hear nothing.
Her footsteps heavy
Pulling her burden
Up the basement stairs,
Without rhythm, without song.
I am a child. I hear nothing.

The TV is off. The night is dark.
Shuffle to the first floor, the second floor.
I am not intended to hear
Her unwanted life,
Unwanted children.
But I do.

I hear her. I see her too.
She doesn't want to be seen,
Thinks she isn't.
But she is.
I see her suicidal eyes.

I want to be her sun,
Her golden girl. But
My pretty curls are an accusation.
My smile, my play offends her.
No light can warm her.

I am the reason she despairs, she thinks.
How dare I be pretty when she is not?
How dare I be happy when she is not?
How dare I know of
Her secret stash of booze?

How dare I live when she is dead?
But I do.

ESCUCHO SUS GRAVES PASOS

Escucho sus graves pasos.
No escucho nada.
Sus graves pasos
Empujando su agobio
Suben las escaleras del sótano,
Sin ritmo, sin melodía.
Soy una niña. No escucho nada.

La TV está apagada. La noche está obscura.
Arrastra los pies hacia el primer piso, al segundo.
Se supone que yo no escucho
De su indeseada vida,
Sus indeseados hijos.
Pero lo hago.

La escucho.También la veo.
Ella no quiere ser vista,
Piensa que no la ven.
Pero es vista.
Miro sus ojos de suicida.

Yo quiero ser su sol,
Su niña dorada. Pero
Mis lindos rizos son una acusación.
Mi sonrisa y mis juegos la ofenden.
No hay lumbre que pueda calentarla.

Soy la causa de su desesperación, ella piensa.
¿Cómo me atrevo a ser bonita si ella no lo es?
¿Cómo me atrevo a ser feliz si ella no lo es?
¿Cómo me atrevo a saber de
Su reserva secreta de alcohol?

¿Cómo me atrevo a vivir si ella está muerta?
Sin embargo lo hago.

WHERE THE LOST GO

Alas. Another has dropped.
Momentarily
Distracted,
Its mate slipped away.

Grieving though it may be,
A new life begins as
An inmate in the
Orphanage for the Abandoned.

Mismatched by color, size, shape,
A burly mass—wool, leather, velvet—
No mouths to bicker with,
Huddle-muddle cozy.

They have been
Arrayed on a fence,
Perpetually waving to their
Lost soul mate.

Awkwardly paired
Right to right to left, left
A gob of mitten orphans destined
Next for the Garden of Lost Gloves.

From the Garden of Lost Gloves,
Planted in ice, warmed by Arctic winds,
An oddball glow is emitted—
Part grief, part happy to belong.

Nothing is really lost.
Germinate as soon as the ice melts.

EL LUGAR DE LOS EXTRAVIADOS

¡Lástima! Otro que se cae.
Momentáneamente
Distraído,
Su compañero se perdió.

Y aunque pudiera ser doloroso,
Comienza una nueva vida como
Interno en el
Orfanato de los Abandonados.

Disparejos por su color, tamaño y forma,
En una masa compacta—lana, cuero, terciopelo—
Sin bocas para discutir,
Parlotean confortablemente reunidos.

Han sido
Dispuestos sobre una cerca,
En un adiós perpetuo a sus
Almas gemelas extraviadas.

Emparejados de manera incómoda,
Puestos derecho con derecho con izquierdo, forman
Un muestrario de guantecitos huérfanos destinados
A ingresar al Jardín de los Guantes Extraviados.

Desde el Jardín de los Guantes Extraviados,
Sembrados en el hielo, calados por los vientos árticos,
Emiten un brillo extraño,
En parte pena, en parte alegría de pertenencia.

Nada se ha perdido en realidad.
Germinan tan pronto como llega el deshielo.

MOONBEAM JAVELINS

Blackness blankets the sky
Offering furtive shadow to
Refugees from an unforgiving sun—
The escape to anonymity.

Yet darkness is not total.
It is imperfectly smudged;
For, imprinted in its inky pleasures,
Chalky and white—a thumbprint.

Is it a teat, a jug of milk,
Gushing whiteness onto
Shattered hearts, turbulent partners,
Souls who night-roam?

Or is she hurtling
Moonbeam javelins,
Meant to terrify, inspire or
Force poetry?

Will the restless gaze heavenward
To the alabaster bosom?
Do they find succor in darkness?
Or do they duck white bolts of beauty?

Poetry panicked into creation.

RAYOS LUNARES JABALINAS

La negrura envuelve al cielo
Ofreciendo una furtiva sombra
A los que huyen del inclemente sol,
El escape hacia el anonimato.

Aunque la obscuridad no es total.
Está imperfectamente manchada;
Porque improntada en sus entintados placeres,
Hay una huella digital en blanco terroso.

¿Es un pezón, una jarra de leche
Vertiendo blancura sobre
Los corazones destrozados, las parejas turbulentas,
Y las almas que rondan la noche?

¿O está ella lanzando
Rayos lunares jabalinas
Con la intención de aterrorizar, inspirar o
Provocar poesía?

¿Contemplarán los inquietos
El seno de alabastro en los cielos?
¿Encuentran alivio en la obscuridad?
¿O esquivan los rayos blancos de belleza?

La poesía sembró el pánico en la creación.

HEART-STRINGS' PUPPETEER

Cicadas' whirr-a-weir,
Corrosive to my wee ears,
Their omen far too near,
Foul afoot, whorls my fears,

Portends loss of my dear
Heart-strings' gay puppeteer.
I, like hoary King Lear,
Build a pyre of tears.

A lonely chanticleer
Crows at the waiting bier
Brimming with heart-bits sheared,
Sere, soon to disappear.

Memories are still found,
Blips on the ultrasound
Of my mind, tightly wound
Twirling bright, magic clown.

TITIRITERO DE LOS HILOS DEL CORAZÓN

El zumbido de las cigarras,
Corrosivo para mis pequeños oídos,
Con su presagio demasiado cercano,
Ominoso y en curso, exacerba mis temores,

Predice la pérdida de mi querido
Alegre titiritero de los hilos del corazón.
Yo, como el canoso rey Lear,
Construyo una pira de lágrimas.

Un gallo solitario
Canta ante el féretro que aguarda
Rebosante de trozos de corazón cercenados,
Secos, prontos a desaparecer.

Aún quedan recuerdos,
Luminosas y enredadas señales
En el ultrasonido de mi mente
profundamente herida, payaso mágico.

YOU, PIONEER OF US LUCKY ONES

Dedicated to Wendy Anne Caplin (December 22, 1947-January 18, 2013)

You, pioneer of us lucky ones
Who surfed the light fantastic.
You, astronauts' squadron leader,
Now forever young, hip,
Coolly flying high,
Higher than ever.

No need to
Say goodbye
To us still wounded,
Walking, searching
For an answer.

Why you?
Only silence echoes.
It was your time, not yet ours.

The far drums draw nearer.
We hear them and tremble.
You call—pioneer of us lucky ones.

TÚ, PIONERA DE NOSOTROS LOS AFORTUNADOS

Dedicado a Wendy Anne Caplin (22 de diciembre de 1947-18 de enero de 2013)

Tú, pionera de nosotros los afortunados
Que surcamos la fantástica luz.
Tú, líder de un escuadrón de astronautas,
Ahora joven para siempre, *hip*,
Vuelas serenamente alto,
Más alto que nunca.

No necesitas
Decir adiós
A los que aún seguimos heridos,
Caminando, en busca
De una respuesta.

¿Por qué tú?
Solo los ecos del silencio.
Era tu tiempo, no el nuestro todavía.

Los lejanos tambores redoblan más cerca.
Los oímos y nos estremecemos.
Es tu llamado —pionera de nosotros los afortunados.

Kristin Robie

NO, NO, NANETTE

How do you say "no" to a nonet?
Saying "no" to a naughty boy
Is easy—but to a poem?
A line hidden inside
My Halloween dream
Twitches its shroud
And shouts out
Yes! Not
No.

NO, NO, NANETTE

¿Cómo le dices que "no" a un noneto?
Decirle "no" a un muchacho atrevido
Es fácil—¿pero a un poema?
Una línea escondida adentro
De mi sueño de Halloween
Se pone el sudario
Y grita fuerte
¡Sí! No
No.

DEAF, DUMB AND BLIND

How can I capture
Your heart?

I, who am blind,
Can only sing
Symphonies?

You, who are deaf,
Can only see
Through me?

Open my eyes, my love.
I'll ring silent bells in your ears.

SORDOS, TONTOS Y CIEGOS

¿Cómo puedo atrapar
Tu corazón?

Yo, que soy ciega,
¿Solo puedo cantar
Sinfonías?

Tú, que estás sordo,
¿Solo puedes ver
A través de mí?

Abre mis ojos, mi amor.
Haré sonar mudos cascabeles en tus oídos.

HUBBLE EYES

Hubble eyes see
Beyond the veil
Without flinching.

The sky cannot
Be heard, smelled, nor
Warmly embraced.

Speedy clouds drape
Odd shapes that rush
To extinction.

Storms slash but leave
No marks on a
Bottomless blue.

Stilettos scratch
Skies whose face is
Disembodied.

Skies don't hug me,
Do nothing to
Reassure me.

Break skies' eggshell
Glass innocence.
Shatter. Shutter…

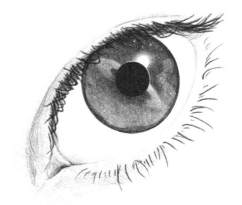

Dying, will I
Be bold? Put on
My Hubble eyes?

LOS OJOS DEL HUBBLE

Los ojos del Hubble ven
Más allá del velo
Sin inmutarse.

El cielo no puede
Ser escuchado, olido, ni
Abrazado calurosamente.

Nubes veloces encubren
Formas extrañas que se apresuran
A la extinción.

Tormentas azotan sin dejar
Marcas en el
Insondable azul.

Estiletes rayan los
Cielos de rostro
Etéreo.

Los cielos no me abrazan,
Ni hacen nada para
Tranquilizarme.

Quiebra la inocencia de cristal
Del cascarón de los cielos.
Destrózala. Acábala…

Al morir, ¿Seré
Valiente? ¿Me pondré
Los ojos del Hubble?

WRITING A POEM

Images rain down—shards
Clattering onto the kitchen table.
Irritatingly cacophonous,
Without even a discordant melody.
These images insist upon being
Arranged in a mosaic.

Wanting to write the poem,
Solve the jigsaw puzzle,
I am only confounded.
The word wand doesn't weave its
Magic spell.
All is left on the table,
In an un-enjambed jumble.

ESCRIBIENDO UN POEMA

Llueven imágenes, astillas
Que caen con estruendo sobre la mesa de la cocina.
Enervantemente cacofónicas,
Sin una melodía discorde siquiera.
Imágenes que insisten en ser
Dispuestas en un mosaico.

Buscando escribir el poema,
Armar el rompecabezas,
Solo me confundo.
La vara mágica de la palabra no urde
Su encantamiento.
Todo se queda sobre la mesa,
En un revoltijo sin estrofas.

FROM WHEREVER YOU ARE

Lisa, from wherever you are
Walk me again in the morning.
Amble with me, kick dry leaves,
Pick apples in the orchard.

My eyes are yours to use
To scan the feral landscape,
Dwell on haphazard rock piles
Or on a scraggly branch.
See beauty no one else noticed.

You taught me how to behold.
You marveled. I grew in wonder.

From wherever you are
Let your ears hear again
The rustling leaves' music.
We smell the autumn crisp,
And walk in your tree garden.

Your laugh augers sunshine.
I am happy to see you again.

See the morning day as you saw—
Remembering it so—
Eases the loss of you.

DESDE DONDE ESTÉS

Lisa, desde donde estés
Guíame otra vez por la mañana.
Camina conmigo sin prisa, patea las hojas secas,
Recoge manzanas en el huerto.

Mis ojos son tuyos para ver,
Para escudriñar el paisaje silvestre,
Posarlos en pilas de rocas desordenadas
O sobre una escuálida rama.
Ver la belleza que nadie observó.

Me enseñaste a contemplar.
Te maravillabas. Yo crecía en el asombro.

Desde donde estés
Deja que tus oídos escuchen de nuevo
La música del crujir de las hojas.
Aspiremos la frescura del otoño
Y caminemos en tu jardín de árboles.

Tu risa provoca al sol.
Estoy feliz de verte de nuevo.

Ver la mañana como tú la veías,
Recordarla así,
Alivia el haberte perdido.

COME. REST.

Come.

Rest your mouth
On the pillow
Of my bosom.

Sup until drowsy.

Sleep in the
Refuge of my love.

VEN. REPOSA.

Ven.

Reposa tu boca
En lo mullido
De mi pecho.

Aliméntate hasta la somnolencia.

Duerme en el
Refugio de mi amor.

HAND IN HAND

"Hands," I ask,
"Who do you belong to?"

Once-smooth knuckles swell,
Crotchety knobs, celery roots,
Gnarled, strangely scented.

Crabs squibble in the sand.
Misshapen hands scuttle away
In a strange fugue.

Spindly fingers grow toward the sun,
Heliotropes squirming.

Before you were odd, tone-deaf,
You were ballerina hands.
You spoke poetry.

Now I cradle these claws
In a protective hug,
Quasimodo-like.

I pray for answers but
You no longer close shut.
I ignore the silence.

Before you crumple,
Before I am too sad to speak,
Do me one last service.
Write down my poetry.
Play the keyboard of letters.

You do not heed me, runaway!
You are not listening.
I cannot stop you, Old Age!

Now, who will hold this
Trembling hand
When it is time to
Fly away?

MANO CON MANO

"Manos", les pregunto,
"¿A quién le pertenecen?"

Los alguna vez tersos nudillos, hinchados,
Crujen en sus protuberancias, raíces de apio
Nudosas, extrañamente perfumadas.

Cangrejos que reptan en la arena.
Las manos deformes se escabullen
En extraña fuga.

Los dedos delgados crecen hacia el sol,
Como heliotropos retorciéndose.

Antes que se volviesen extrañas, desafinadas,
Ustedes fueron manos de bailarina.
Hablaban poesía.

Ahora yo acuno estas garras
En un abrazo protector,
Como un Cuasimodo.

Les ruego respuestas pero
No se cierran más, callan.
No hago caso al silencio.

Antes de que se atrofien,
Antes de que yo me entristezca demasiado para hablar,
Háganme un último favor.
Escriban mi poesía.
Toquen el instrumento de las letras.

¡No me prestan atención, fugitivas!
No están escuchando.
¡No te puedo detener, Vejez!

Ahora, ¿quién sostendrá esta
Mano temblorosa
Cuando sea la hora de
Marcharse?

CONDEMNED TO A CHRYSALIS

Dainty, curvi-linear
Unfurled wings
Primly folded away,
Like lotus feet of Chinese girls,
Deformed, never to be free.

I speak only in veils and guises,
Certain no one can see me.
Will I ever claw my way out of
Being buried alive?
Is forever my wait time?

Lassitude sketches out the hours.
An afternoon slips through my fingers
Drip by rain drop,
Falling gently to the ground below,
But blessing no one.

Here I am in my chrysalis,
A butterfly-to-be.
Slip me between your pearly lips,
Moisten my dry husk and have faith.
When you least expect it
A rainbow will pry open your mouth.

CONFINADA EN UN CAPULLO

Delicadas, curvilíneas
Alas sin desplegar
Primorosamente dobladas,
Como los pies de loto de las niñas chinas,
Deformados para no ser libres jamás.

Hablo solo entre velos y camuflajes,
Segura de que nadie puede verme.
¿Hallaré acaso la manera de escapar
A vivir sepultada en vida?
¿Es eterna mi espera?

El letargo esboza las horas.
Una tarde se desliza entre mis dedos
Como lluvia que cae
Plácidamente sobre un campo,
Aunque sin bendecir a nadie.

Heme aquí como crisálida,
Como futura mariposa.
Deslízame entre tus labios nacarados,
Humedece mi vaina seca y ten fe.
Cuando menos lo esperes
Un arcoíris te dejará con la boca abierta.

SHE MINGLES IN MY MEMORY

In a comforting blanket of forgetting
The nights I caught her sobs in my bosom.
An astronaut's oxygen hose tethered us,
Floating in space.

My breasts milked at the sight of her.
A mother I didn't know slept in me.
With atavistic power, my mother's love
Put the lie to their contempt for any
Weak or tender thing.

On a cold abandoning January night
Her cracked bulb was buried in the tundra.
With bare hands I dug the unforgiving ground
To retrieve her lifelessness.

Nutty brown eyes-of-the-storm
Gazed through double-lidded slits.
She glistened from behind a scrim.
Only I could see the strobe-light
Flickers of terror.

I sang my Orpheus to the god: "Forgive her non-sins."
Now her too-small face is tucked away
In the comforting blanket of forgetting.

I hover over her sleep.
Dawn recovers us both.

ELLA SURGE EN MI MEMORIA

En el reconfortante manto del olvido
De esas noches, yo atrapaba sus sollozos en mi pecho.
Una línea de oxígeno de astronautas nos unía
Flotando en el espacio.

De mis pechos brotaba leche al verla.
Una madre que yo no conocía dormía en mí.
Con fuerza atávica, mi amor maternal
Puso a un lado su desprecio por cualquier
Cosa débil o tierna.

En una fría y descuidada noche de enero
Su quebrado bulbo fue sepultado en la tundra.
Con las manos desnudas cavé el suelo inclemente
Para rescatarla de su inmovilidad.

Almendrados ojos de tormentas marrones
Observaban a través de rendijas de doble párpado.
Ella fulgía detrás de una malla.
Solo yo podía ver los fulgurantes
destellos de terror.

Canté mi Orfeo al dios: "Perdona sus no-pecados".
Su rostro tan pequeño está ahora arropado
En el reconfortante manto del olvido.

Revoloteo por encima de su sueño.
El amanecer nos reanima a ambas.

THE GARDENER IS GONE

Fragrant flowers flounce
And scream outrageously—
"I appear! Spring is here!"

But the gardener is gone.
Her river bed, dry, loops back on itself
Saying "She is done."

Now forever young
She is blonde,
Smooth-faced, smiling.
Her lilting English,
Her seamstress hands,
Weave a garden loom.
Earthy browns, practical grays,
Tending her colorful seedlings.
She is happy in her artistry.

Bitterness bites many wizened faces,
But not hers.
Age bent her bones, but
Her blossoms grew straight,
Unbreakable, aglow
With inner calm.

Privacy—a forgotten grace—
I respected hers.
Unspokenesses, we kept them close.
Too late I wonder
Did I ever see her real garden?

Alas, she took with her
The secret recipe for
Unconditional love.
I don't know how to make it,
Though I try. Lord, I try.

LA JARDINERA SE HA IDO

Las fragantes flores se agitan impacientes
Y gritan con estrépito
"¡Ya llegué! ¡La primavera está aquí!"

Pero la jardinera se ha ido.
El lecho de su río, seco, gira sobre sí mismo
Diciendo "Ella finalizó la tarea".

Ahora ella es joven para siempre,
Rubia,
De rostro suave, sonriente.
Su inglés melodioso,
Sus manos de costurera,
Tejen un telar de jardín.
Marrones terrosos, grises prácticos,
Cuidando sus coloridos vástagos.
Ella es feliz con su arte.

La amargura marca tantos rostros marchitos,
Pero no el de ella.
La edad dobló sus huesos, pero
Sus ramilletes crecieron rectos,
Inquebrantables, resplandecientes
De calma interior.

La privacidad es una gracia olvidada,
Yo respetaba la de ella.
Lo que no puede decirse, ambas lo guardábamos.
Demasiado tarde me pregunto
¿Habré visto su jardín verdadero?

Por desgracia, se llevó con ella
La receta secreta para
El amor incondicional.
No sé cómo hacerlo
Aunque lo intento. Dios, lo intento.

Eyes open too long,
She came home again to
Gaze at her
Nightened Eastern sky.

God called,
"Come hither."
And she went.

The gardener is gone.
Her garden blooms on.

Dedicated to Lisa Jalowetz Aronson (1920-2013)

Con los ojos abiertos por tanto tiempo,
Ella volvió a casa otra vez
Para contemplar su
Anochecido cielo Oriental.

Dios la llamó,
"Ven acá".
Y ella fue.

La jardinera se ha ido.
Su jardín sigue floreciendo.

Dedicado a Lisa Jalowetz Aronson (1920-2013)

MY LIFE AS A LEAF

Naught twixt the fulsome sky
And me—my flag flies high.
Hawks my companions be.
O'er grey sorrows I see.

A soft bud's husk I shed.
My leafness open spread
To the sky, proud and full.
The world is mine to rule.

Vistas of verdancy,
Vast jewels' redundancy.
Summer's haute glory-band
Bestowed by God's ghost-hand.

The sun's rays now sizzle.
My vibrancy fizzles.
Wobbly in the wind gusts,
Weak footholds I can't trust.

A chill bestirs the air.
"Come," the abyss declares.
A green gnome returns home,
Eager to smell the loam.

MI VIDA COMO UNA HOJA

La Nada entre el cielo inmenso
Y yo; el vuelo de mi bandera intenso.
Que sean los halcones mi compañía.
Yo miro por encima de la gris melancolía.

Me despojé de la corteza de un brote tierno.
Mi haz abierto ahora extiendo
Al cielo, pleno y erguido.
En este mundo mío yo decido.

Verdes abundantes,
Como vastas joyas redundantes.
La banda de la alta gloria del verano
Impuesta por Dios y su invisible mano.

Ahora los rayos del sol crepitan.
Mi vitalidad se marchita.
Temblorosa entre ráfagas de viento,
No confío en mis débiles sustentos.

El aire se agita con escalofrío.
"Ven", reclama lo sombrío.
Un gnomo verde vuelve a casa,
Ansioso por oliscar la masa.

IS THAT A WOOLLY MAMMOTH?

Is that a woolly mammoth I see
Pounding down Fifth Avenue,
Ice Age vortex swirling around him?

O it is just the dinner wine
Longing for green
That makes me see a chimera?

Can I wrap his woolly sweater
Around me until spring?
Can I ride his saber horns
Or ski down their shalom slopes?
Can I ride out the storms above the trees
Until the arctic winds are gone?

Let this woolly mammoth—
If it is a woolly mammoth—
Drag this winter into extinction!
O spring—peep out and surprise me!

¿ES ACASO UN MAMUT LANUDO?

¿Es acaso un mamut lanudo el que veo
Marchar trepidante por la Quinta Avenida,
Con el vórtice de la Edad de Hielo girando a su alrededor?

¿O es solo el vino de la cena
Ansiando verduras
Que me hace ver una quimera?

¿Puedo envolverme en su suéter lanudo
Hasta la primavera?
¿Puedo montar sus colmillos de sable
O esquiar en sus gentiles colinas?
¿Puedo sortear las tormentas por encima de los árboles
Hasta que los vientos árticos se hayan ido?

¡Deja que este mamut lanudo,
Si es que es un mamut lanudo,
Arrastre a este invierno hacia la extinción!
¡Oh primavera, asómate y sorpréndeme!

CHOCOLATE KIMONO

Chocolate cake glistens darkly
In the Tokyo cafe light.

A glazed slice of orange leans
Insouciant against the chocolate wedge.

A pile of whipped snow swirls nearby—
A peak topped by a tiny sprig of
Miniature mint leaves.

Lighting the icing, two flecks
Of gold embedded,
Tiny life-boats floating in a
Serene dusky lake.

All lightly touched by sugar fairy dust.
A kimono of delight
Too beautiful to eat.

Eat it for a moment's pleasure
And thus destroy it?

Or enshrine it in a poem,
Forever-lasting?

UN KIMONO DE CHOCOLATE

El pastel de chocolate brilla oscuramente
A la luz del café de Tokio.

Una raja de naranja cristalizada se apoya
De manera casual sobre el trozo de chocolate.

Una porción de nieve batida se arremolina a su lado,
Un pico coronado por una ramita de
Hojas de menta en miniatura.

Iluminando el glaseado, dos salpicaduras
De oro incrustadas,
Pequeños botes salvavidas que flotan en un
Sereno lago obscuro.

Todo ligeramente retocado con polvo de azúcar de hadas.
Un kimono de delicias
Demasiado hermoso para comérselo.

¿Comérselo por un momento de placer
Y destruirlo así?

¿O consagrarlo en un poema,
Que dure para siempre?

MY BODY IS A BOAT

My body is a boat,
Capacious and sturdy,
Copacetic.

Sailor, come sail me.
Lie down in my hull.
Unfurl my wings,

Set the prow skyward.
Winds will propel us
Toward the North Star.

We sway in tandem,
Never looking down.
Never more safe.

Tonight, my dear,
Into the light.

MI CUERPO ES UNA BARCA

Mi cuerpo es una barca
Espaciosa y robusta,
Magnífica.

Navega en mí, marinero.
Recuéstate en mi casco.
Despliega mis alas,

Dirige la proa hacia el cielo.
Los vientos nos impulsarán
Hacia la Estrella del Norte.

Nos balanceamos a dúo
Sin mirar abajo jamás.
Jamás más seguros.

Esta noche, cariño mío,
Hacia la luz.

I SEE US DANCING

Ruddy cheeks,
Snow flicks over our smiling faces.
I see us dancing,
Laughing wantonly
In a snow globe.

Put it back on the shelf.
Let it gather dust.
After I die
Someone will toss it away,
Not knowing how precious it once was.

How could they know?

NOS MIRO BAILAR

Mejillas sonrosadas,
La nieve cae sobre nuestras caras risueñas.
Nos miro bailar,
Reír desaforadamente
En una esfera de nieve.

Vuelvo a ponerla en la repisa.
Dejo que acumule polvo.
Después que yo muera
Alguien la tirará,
Sin saber lo apreciada que alguna vez fue.

¿Cómo podrían saberlo?

GREEN IS MORE SERIOUS

Tree boughs grow thick as
They tire of their kingly opulence.
Knowing of their coming demise,
They remain true to their vows to guard.

Heavier weighs their crown of green
As they gaze on mortals
Who amble to and fro with
Joy at dawn and decay at eve.

Serious boughs withstand hurricanes,
Yet are gentle enough to throw a net
Of dapples on happy lovers, to
Shield both the innocent and the perfidious.

My father stood camouflaged behind
His rigid bark of serious green.
Disguised, he hid the lust leaves he bred
Behind my mother's broken bark.

His secrets were safe as he
Broke his kids on his knees,
Demanding impossibilities
To distract them from his emptiness.

Leaves fell off his camouflage but he
Never shed his pretend-tree lies.
As winter approached, what is
True oak? What is cardboard?

Honorable trees flourish and
Rise above, forgiving,
Knowing when the sun rises sooner,
We will all be new.

EL VERDE ES MÁS SERIO

Las ramas de los árboles engruesan cuando
Se aburren de su majestuosa opulencia.
Aún sabiendo de la cercanía de la muerte,
Permanecen fieles a su promesa de resguardar.

Les pesa aún más su corona de verdes
Al observar a los mortales
Que deambulan de un lado al otro con
Alegría al amanecer y decaimiento por la noche.

Las graves ramas soportan huracanes,
Pero son lo bastante gentiles para tender una red
De luces y sombras sobre los amantes felices; para
Proteger tanto al inocente como al pérfido.

Mi padre se camuflaba detrás
De su corteza rígida de un verde serio.
Disfrazado, escondió las hojas de lujuria que engendró
A espaldas de la corteza rota de mi madre.

Sus secretos estaban a salvo en tanto
Pusiera de rodillas a sus hijos,
Exigiéndoles imposibles
Para distraerlos de su vacuidad.

Se desprendieron las hojas de su camuflaje pero él
Nunca se despojó de sus mentiras de árbol ficticio.
Cuando el invierno se aproximaba, ¿qué es
Un roble verdadero? ¿Qué es un cartón?

Los árboles honorables florecen y
Se levantan hacia lo alto, perdonan;
Sabiendo cuándo sale más temprano el sol,
Todos seremos nuevos.

THE YEARS WENT BY WITHOUT YOU

My face came to wrinkles, jowls,
Still restlessly searching for the
Abracadabra that would free me.
Still waiting for my close-up.
Time was running out.

Sphinx-like you neither seized me
Nor left me alone.
What brought on your inscrutable semi-smile?
Did you want me to audition
For my rebirth?

Enigmatic, solemn shades of gray,
A stairwell 60 years deep.
Stained-glass windows covered.
What were you?
I fell in love.

I inhaled an icy ennui I didn't recognize,
Opium-like, toxic.
I thought I knew every kind of sadness
But you mystified me.
You were something new.

The years had gone by without you.
My love made me hopeful and I dove.
Time would tell and I learned
Your promised light
Was an anti-light.

I could only flee back to loneliness.

LOS AÑOS PASARON SIN TI

Mi rostro se llenó de arrugas, bolsas,
Buscando incansablemente el
Abracadabra que me liberaría.
Todavía esperando mi *close-up*.
El tiempo se acababa.

Como una esfinge, tú ni me tomaste
Ni me dejaste sola.
¿Qué provocaba tu inescrutable media sonrisa?
¿Querías que hiciera casting
Para mi reaparición?

Enigmático, en solemnes tonos grises,
Un cubo de escaleras de 60 años de profundidad.
Repleto de vitrales.
¿Qué eras tú?
Caí enamorada.

Inhalé un tedio helado que no reconocí,
Similar al opio, tóxico.
Pensé que ya conocía toda clase de tristezas
Pero tú me desconcertaste.
Fuiste algo novedoso.

Los años pasaron sin ti.
El amor me dio esperanzas y me arrojé.
El tiempo diría, y aprendí
Que tu promisoria luz
Era anti-luz.

Sólo pude huir de vuelta a la soledad.

HEADACHE

Oh my head aches—
Because the dreams have
Nowhere to fly,
Because of the tears
Pressed against a dam with
No outlet.
Because of love
Unable to be given to the one
Who owns it.

Fires inflame my head.
Dreams cannot find the night.
Tears cannot find my eyes.
My love cannot embrace
The missing you.

DOLOR DE CABEZA

Oh, me duele la cabeza
A causa de los sueños que no tienen
A dónde volar,
A causa de las lágrimas
Contenidas por el muro de una presa
Sin desfogue.
A causa del amor
Incapaz de ser entregado
Al que le pertenece.

Incendios inflaman mi cabeza.
Los sueños no pueden encontrar la noche.
Las lágrimas no pueden encontrar mis ojos.
Mi amor no puede abrazar
Al desaparecido.

PING PONG, PIXIE & DAVID

Our hearts overflowed, not-quite silent.
Fireflies hummed in our summer night
With cicadas amid half-moon skylines,
Long ago, together in our park.

I remember how you appeared,
How I hopped-strolled-skipped to stand within
Your leaning against a tree,
Just the way it was and always should be.

Naturally innocent,
You and I could start right up
To finish that last thought,
Comfortable as home.

My modest heart, wandering, wondering
Where were you? Then there you were.
It didn't take long to know
We knew each other already.

Flopping down in a big bed, as if we had
Always swam there, we sashayed, splashed
Across a myriad of mysteries—
Light rays and wholesome fun.

Tonight the stars are looking down on us.
Your smile ping pongs between galaxies,
Tracking a moon mote, then
Falling into my waiting arms.

I smile back. Pixelated by love,
You ping pong.
I pixie.
Feels like home.

PING PONG, PIXIE Y DAVID

Nuestros corazones se desbordaron, no del todo en silencio.
En nuestra noche veraniega las luciérnagas y las
Cigarras zumbaban entre contornos de media luna,
Hace mucho tiempo, juntos en nuestro parque.

Recuerdo cómo apareciste,
Cómo salté-caminé-brinqué para pararme adentro
De donde estabas, apoyado en un árbol,
Tal y como fue y como siempre debiera ser.

Naturalmente inocentes,
Tú y yo pudimos comenzar de inmediato
A terminar aquella última idea,
Confortable como el hogar.

Mi modesto corazón, errante, preguntándose
¿Dónde estabas? Entonces estabas ahí.
No llevó mucho tiempo saber
Que ya nos conocíamos.

Al tirarnos en una gran cama, como si hubiésemos
Nadado siempre ahí, nos exhibimos, chapoteamos
A través de una miríada de misterios,
Entre rayos de luz y sana diversión.

Esta noche las estrellas nos miran desde arriba.
Tu sonrisa juega ping pong entre las galaxias
Levantando polvo lunar, luego
Cae entre mis ansiosos brazos.

Devuelvo la sonrisa. Pixelada por el amor,
Tú, ping pong.
Yo, Pixie.
Nos sentimos en casa.

PERFECTION AT LAST

Quietly sitting,
We watched the sun set,
Light undulating across flower beds,
Etching the peaceful picture.

Together, not together
Touching, not touching
Heart to heart, almost,
Delicately intimate.

Your shoulder pressing mine.
Your graceful hands open.
Silver lanky locks
Brush the cuff of your collar.

You smell of rosemary soap
And a sudsy morning shower.
Your breathing rhythmic with mine,
Matched to the fading light.

I sneak my hand into the cove of yours.
My fingers cool, your palm warm.
I sigh deeply, contentedly with
My Perfect Fantasy Lover.

LA PERFECCIÓN, AL FIN

Sentados en silencio
Contemplamos la puesta del sol,
La luz que ondula entre los macizos de flores
Fijando la placentera imagen.

Juntos, no juntos,
Tocando, sin tocar
De corazón a corazón, casi,
Delicadamente íntimos.

Tu hombro presionando el mío.
Tus gráciles manos abiertas.
Largas guedejas plateadas
Rozan el cuello de tu camisa.

Hueles a jabón de romero
Y a refrescante ducha matinal.
Tu respiración se ritma con la mía,
Acompasada con la luz que se desvanece.

Deslizo mi mano en el hueco de la tuya.
Mis dedos fríos, tu palma cálida.
Suspiro profundamente, satisfecha con
Mi Perfecto Amante de Fantasía.

GHOSTS SUCH AS I

Ghosts such as I,
Float in tandem
With the living.

Untethered, I
Tarry not at
The gay party.

I see them dine,
Lust to chatter
And dance carefree.

Quickened, I am
In empty thrall
To hollow thrills.

Ghosts such as I,
Never sated,
Never linger,

Soon float away
Off to a home
Of loneliness—

One shade less with
Each day, closer
To nothingness.

LOS FANTASMAS COMO YO

Los fantasmas como yo,
Flotamos en paralelo
A los vivos.

Sin ataduras,
No me entretengo en
La alegre fiesta.

Los veo cenar,
Deseoso por charlar
Y bailar despreocupadamente.

Si me reviven, soy
Un esclavo vacío
De huecas emociones.

Los fantasmas como yo,
Jamás satisfechos,
Jamás permanecemos,

Nos vamos pronto flotando
Hacia un hogar
De soledades,

Una sombra que disminuye
Cada día, más cerca
De la nada.

Kristin Robie

LET US REPOSE AMONG LILIES

Listen to their languid lullabies.
Our nostrils fill with strange nectars.
Intoxicated, we swim away
From the profane world.

Lying among rustling bamboos
Our glances signal secret semaphores.
In warm pools, we sate ourselves.
Your fingers delicately scuttle up my back.
My arms entwine you in a halo.

We speak the ancient language
Of pre-verbal hums, grunts,
Squeals, smiles, giggles
Laughing again with childish wonder
When skies are forever blue and
There are no tears.

We spread our picnic blanket—
Mangoes, grapes, cheese,
Watching fireflies and cloud balloons.
The moon is rising innocent, peaceful.
We are together.

Honeyed dates, sweet cakes
And nothing is simpler
Than touching your soft cheek
Or falling into your open eyes.
Filled yet emptied, we
Pray together, fingers entwined.

We begin to believe again
In happiness.
We ask, as only children can,
How could there be any fear in loving?

REPOSEMOS ENTRE LOS LIRIOS

Escuchemos sus lánguidas canciones de cuna.
Que nuestras fosas nasales se llenen de extraños néctares.
Intoxicados, alejémonos a nado
Del mundo profano.

Tendidos entre el susurro de los bambúes
Nuestras miradas se envían semáforos secretos.
En cálidos estanques nos saciamos.
Tus dedos acarician delicadamente mi espalda.
Mis brazos te entrelazan en un halo.

Hablamos el antiguo lenguaje
De los murmullos pre-verbales, de los gruñidos,
Chillidos, sonrisas y risillas;
Reímos infantiles de nuevo, maravillándonos
Que los cielos sean azules para siempre y
Que no haya lágrimas.

Extendemos nuestro mantel de pícnic:
Mangos, uvas, quesos,
Observando luciérnagas y cúmulos de nubes.
La luna se remonta inocente, pacífica.
Estamos juntos.

Dátiles con miel, pasteles dulces
Y nada más simple
Que tocar tu suave mejilla
O caer en tus ojos abiertos.
Satisfechos pero aún ansiosos,
Oramos juntos con los dedos entrelazados.

Empezamos a creer otra vez
En la felicidad.
Nos preguntamos, como sólo los niños pueden hacerlo,
¿Cómo podría haber algún temor al amar?

Kristin Robie

Kristin Robie, a long-time New York City resident, was born into a family of military officers. Just as the anti-war movement was exploding, she enrolled at Brandeis University, majoring in English and American Literature focused on Poetry. Her poetry professor was poet laureate Howard Nemerov. Her Honors thesis was a film script of *Under the Volcano* by Malcolm Lowry.

After graduating with Honors she worked in medical publishing, a springboard to medical school. Graduating from Columbia University and Bowman Grey School of Medicine (now Wake Forest School of Medicine), she practiced Internal Medicine (MD, FACP) in underserved communities in the boroughs of New York City — and in Florida—always continuing to write poetry.

She has been affiliated with Parkside Poets, Jefferson Market Poets, the Su Polo Saturn series, the Green Pavilion, and Riverside Poets, among others, and participated in the pre-pandemic vibrant and funky New York poetry reading scene. She edited the 2020 Riverside Poets Anthology.

She has published in anthologies such as Riverside Poets (2014-2020), in *Hearts Breaking Into Love* (Middle of Silence Gallery, 1980) and authored *The Skies Above, the Sighs Below* (1993). In 2016 she read at Eisteddfod, the annual poetry and music competition in Wales.

Divorced, she is the proud mother of Haku Andou (Julia-Lucero Rosa) who teaches English in Tokyo, Japan. Retired from medicine she is free at last to publish her first book of poems.

Kristin Robie

Kristin Robie, residente de la ciudad de Nueva York desde hace mucho tiempo, nació en una familia de oficiales militares. Justo cuando el movimiento contra la guerra estaba en auge, se matriculó en la Universidad de Brandeis, con especialización en literatura inglesa y americana enfocada en poesía. Su profesor fue el poeta laureado Howard Nemerov. Su tesis de Honor fue un guión cinematográfico para *Bajo el volcán* de Malcolm Lowry.

Después de graduarse con honores, trabajó en publicaciones médicas, un trampolín a la escuela de medicina. Graduada de la Universidad de Columbia y de la Facultad de Medicina Bowman Gray (ahora Facultad de Medicina Wake Forest), ejerció la Medicina Interna ((MD, FACP) en comunidades marginadas en los distritos de la ciudad de Nueva York y en Florida, y siempre continuó escribiendo poesía.

Ha estado integrada a los grupos de poesía Parkside Poets, Jefferson Market Poets, the Su Polo Saturn series, the Green Pavilion y Riverside Poets, entre otros, y participó en la escena pre-pandémica de lecturas de poesía en el vibrante y caótico Nueva York. Fue editora de la Antología 2020 del grupo Riverside Poets.

Su obra está incluida en las antologías de Riverside Poets (2014-2020), en *Hearts Breaking Into Love* (Middle of Silence Gallery, 1980) y es autora de *The Skies Above, the Sighs Below* (1993). En 2016 leyó en la competencia anual de poesía y música en Eisteddfod, Gales.

Divorciada, es la orgullosa madre de Haku Andou (Julia-Lucero Rosa), quien enseña inglés en Tokio, Japón. Retirada de la medicina, es libre al fin para publicar este primer libro con sus poemas.

Darklight Publishing

"BRIDGES" BILINGUAL POETRY SERIES /
COLECCIÓN BILINGÜE DE POESÍA "BRIDGES"

1. *In the Fire of Time / En el fuego del tiempo*
María Ángeles Juárez Téllez

2. *Songs of Mute Eagles / Canto de águilas mudas*
Arthur Gatti

3. *Axolotl Constellation / Constelación Axólotl*
Alejandro Reyes Juárez

4. *Trace / Traza*
Iliana Rodríguez

5. *Am I My Brother's Keeper? / ¿Soy el guardián de mi hermano?*
Bernard Block

6. *Postmodern Valladolid / Valladolid posmoderna*
Raúl Casamadrid

7. *The Body's Politics / La política del cuerpo*
Jessica Nooney

8. *Amidst Water and Mud / Entre el agua y el lodo*
Héctor García Moreno

9. *Ritual of Burning Flesh / Ritual de la carne en llamas*
Maribel Arreola Rivas

10. *In Memory of the Kingdom / En memoria del reino*
Baudelio Camarillo

11. *On a Timeless Path / Por un sendero sin tiempo*
Rosario Herrera Guido

12. *The Fresco Technique / La técnica del fresco*
Carlos Santibáñez Andonegui

13. *Wherever the Wind Blows I Will Go / Iré a donde el viento sople*
Peter Blaxill

14. *The Platinum Moon / La luna de platino*
Evie Ivy

15. *In the Margins / Al margen*
Robert Kramer

16. *Syllables on Hold / Sílabas detenidas*
Víctor M. Navarro

17. *Exodus to Genesis / Éxodo al Génesis*
Felix Cardoso

18. *Unknown Words / Palabras desconocidas*
Roberto Mendoza Ayala

Made in the USA
Monee, IL
17 July 2021